오늘의문학시인선 405

고향

이에스더 시집

오늘의문학사

국립중앙도서관 출판시도서목록(CIP)

고향 : 이에스더 시집 / 지은이: 이에스더. -- 대전 : 오늘의문학사, 2017
p. ; cm. -- (오늘의문학 시인선 ; 405)

ISBN 978-89-5669-869-4 03810 : ₩9000

한국 현대시[韓國現代詩]

811.7-KDC6
895.715-DDC23 CIP2017030935

고향

■ 첫 시집 『고향』을 출간하며

하나님께 감사드립니다.

유난히도 정이 많으시고
음악을 좋아하셨던 엄마
많이 아프셔서…
비가 오면 우산을 가지고 학교 앞에서 기다리셨던
따뜻한 아버지
14살 딸을 두고 천국으로 여행을 떠나셨어요.
광야같은 세상에서 주님을 의지하며
하나님의 창조의 아름다운
산 들 꽃 대지의 품 안에서
예술가의 꿈을 키우며
찬양을 드리는 은총의 삶을 살게 되었습니다.
제주정실 희망의 교회 서동원 목사님
교회음악 지도자로 부르심 받아
2000년 제주도에서 삶의 둥지를 틀고
제주극동방송 성가의 샘을 10년동안 진행하면서
시인의 길로 들어섭니다.

시집을 열면, 해, 달, 별, 산, 바다, 들, 바람,
숲 속 친구들, 꽃, 대지의 흙내음, 새들의 노랫소리
예수님의 사랑, 부모님, 벗…
고향으로 향하는 나그네 인생길에
위로와 평안 기쁨, 소망 임하시길
기도하는 마음 담아 『고향』으로 초대합니다.

따뜻한 마음으로 사랑과 격려를 보내 주는 남편, 자녀들, 유년시절부터 지금까지 기도와 사랑으로 인도해주신 목사님과 교우님, 형제자매, 친지, 벗님들, 그리고 부족한 저를 마음을 다해 축하의 글과 시를 보내주신 분들께 감사드립니다. 시인의 길을 열어주신 제주문인회 홍기표 시인님, 기독교문예 서민기 목사님, 제주극동방송 제주 크리스찬라이프지 최명석 목사님, 은혜교회 서동원 목사님, 중문 한사랑교회 황동현 목사님께 감사드리며 시 『고향』으로 화답해 드립니다.

출판을 위해 세심하게 배려해주신 이미란 편집장님과 직원분들, 부족한 글을 감동적인 표현으로 서평해주신 리헌석 문학평론가 선생님, 오늘의문학사에 깊은 감사를 드리며 글을 맺습니다.

2017년 초겨울에 이 에스더 드림

감사

감사의 꽃향기
짙어가는 계절

주님의 사랑으로
단풍잎 가을 옷 입혀주시고

내 영혼의 들녘에
햇빛과 비를 내리시어
풍요로운 가을을
안겨주심을 감사드립니다

애굽을 지나
홍해를 건너

평화의 섬 제주에
둥지를 내려주시고

한라의 신선함과
바다의 푸름으로
주님을 찬양하는
평화의 도구로
살게 하심을 감사드립니다

II 봄

III 여름

IV 가을

V 대강절에서 부활절

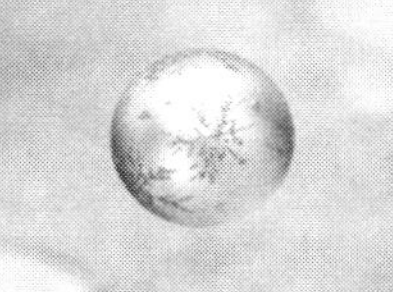

VI 환희

VII 축하합니다

I

겨울

고향

소복소복 눈 내리는
고향

은빛바람 머물다가는
시골돌담 오솔길
어스름한 저녁 하늘을 수놓는
어머니의 기도

초가마을 굴뚝에 연기 오르고
고향집 흙방 장작 내음 서려올 때
눈 덮인 싸리문 틈으로

아가!

버선발로 뛰어나오시는
어머니

그리운 세월 어머니 가슴에 내려놓고
밤을 밝힐 때

문박에 포근히 포근히
내리는 눈송이…

항아리골짜기

뒷마당 돌계단 위로
줄지어 서 있는 김치항아리
어릴 적 머리 아플 때
한 모금 마시고 개운해진
엄마의 시원한 동치미

할머니의 손맛 담긴 배추김치
투박한 시골 총각김치
매콤 쌉쌀한
제주 야생 갓김치
솔바람으로 숙성된
천연의 맛

빈 그릇 들고 오세요
항아리 골짜기로

눈 내리는 제주 바닷가 카페에서

첫사랑
바다
하얀 눈 내리는 날
파도에 떠밀려 왔어요.

송이송이 맺혀온
사연들이
눈꽃으로 낙화하는
바다…

마음을
이어주는
따뜻한 음악
은은한 커피향

순결한 눈빛
맑은 웃음으로
정담을 나누어요,
눈 내리는 제주 바닷가 카페에서

산골

산토끼 다람쥐
숲속 친구들이
찾아드는
겨울뜨락에
조촐하게 차려진
도토리 밥상

희미한 호롱불
문풍지를 흔드는 바람
달그림자 기웃거리는
깊어가는 겨울 밤

할머니가 들려주는
예수탄생 이야기
별을 따라가는
동방박사들이 아기예수
탄생하신
베들레헴에 도착하니

어느새
아기들도 할머니 품에,
새근새근
꿈나라로

감귤

태양을 먹었어요.

새콤달콤한 감귤열매
바구니에 소복히 담아
우리 사랑을 나누어요

이른 봄부터
눈 내린 겨울까지
따뜻한 태양을 먹었어요
먹어도 또 먹고싶 은 제주감귤

먹어도 또 먹고 싶은
생명의 양식
하늘의 만나

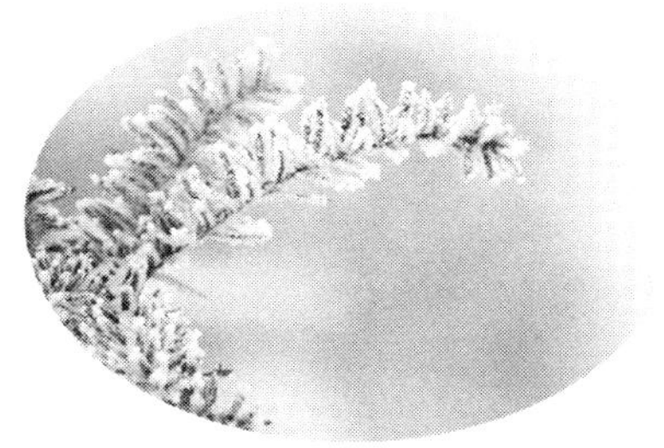

새해

첫눈 내리듯
설레임으로 맞이하는 새해
눈 속에서 피어나는
희망의 눈꽃

사랑하고
용서하며
이해하고
고마워하는 마음
섬기며 살아가는
새날 되게 하소서

하얀 마음
선한 마음으로
나직이
새해 복 많이 받으세요

하얀 설 명절

눈 내리는 산골마을
참새 발자욱
노루 발자욱
앞마당 장독대
소복이 쌓인 하얀 백설기

엄마가 지어주신
색동한복 입고
오손도손
설 떡 먹으며
즐거워했던 어린 시절

이제
아들 며느리 손자들에게
고운 한복 지어주고
명절의 기쁨을
안겨줍니다

샤론의 수선화

눈이 시리도록
빛나는 겨울
밤새 내린 하얀 눈을 헤치며
찾아온
샤론의 수선화

사랑이 식어가는 땅
고통의 신비
온몸으로 받으며
모진 추위를
희망의 부활로 이겨내고

메마른 영혼
사랑의 향기 안겨주고
봄이 깨어나기 전
살며시 떠나가는
겨울 나그네

골짜기의 백합

샤론의 수선화

길 안내문

길을 묻는 이에게

나는 길이요
진리요
생명이라

안식

생이 아름다웠노라

낙원으로 향하는
장엄한 시간
천상의 종소리
모차르트의 레퀴엠

주여
하늘문을 여소서
영원한 안식과 평안으로
인도하소서

Ⅱ

봄

매화

봄이 오는
길목에
꽃망울 터트리는 매화
봄햇살이
반가워

초롱초롱
눈망울 반짝이며
그리운 님소식
전하네

진달래

파릇 파릇
생명이 움트는
봄

진달래
하늘 하늘
가녀린 몸짓
눈웃음 지으며
연분홍빛 사랑을
부르네

꽃의 속삭임

별꽃 아재비
천사의 날개 달고

하얀 꽃잎 안에
피어난 노오란 별

작은 꽃의 속삭임
소박한 마음이
'행복'이라고 하네요

어머니

연둣빛 기도의 샘이 흐르는
고요한 숲길

하나님의 사랑으로 꽃물이 드는 오월
주님의 형상을 입고 오신
어머니의 세월
웃음 짓는 눈가에 맺혀오는 이슬방울

여린 잎새 꽃을 피우고
열매의 계절로 오도록

주님의 아들딸로 맛내기까지
어머니의 애간장을 태우던
간장항아리

주님의 사랑
보혈로 녹아내린 고추장항아리
바람결에 들려오는 어머니의 숨결

어버이의 사랑

라일락꽃 향기
바람결에
어버이의 사랑
솔솔 불어와
콧잔등이 시려옵니다

신록의 푸르름으로
집을 지으시고
봉숭아 꽃잎으로
하나님의 사랑

곱게곱게
물들여 주신 부모님
사랑해요
라일락 꽃향기
바람결에

그리운 벗

깊은 산속
옹달샘

조롱박에 어리는
유년의 소꿉친구들
연둣빛 웃음소리
선화, 옥녀, 정란이

산에는 꽃이 피고
시인의 가슴에도
꽃물이 든다

알프스

나그네의 발길 닿는 마을마다
꽃님들의 웃음소리
한가로이 풀을 뜯는 젖소들
평화로운 초원의 멜로디
카우벨

해발 3000미터 고산지대
이름 모를 산새들이
길손을 반긴다

아득히 수천 길 아래
인간의 이기심
머 언 태고의 근원이 되어 흐르는 빙하수
물질문명에 찌든 영혼을
씻어 내린다

에메랄드빛 바흐알프 호수
알프스 대 설원
아, 경외로워라
주 하나님 지으신 세계!

베를린

고국에서 파랑새 한 마리 날아와
시와 찬미로 영원한 구원을 노래하네

고향을 떠나 나그네 인생길
어 언 40여년
메마른 심령에 사랑의 불 지펴 놓고
베를린 하늘높이 날아오른다

위로하라
위로해
내 백성을 위로하라
나누고
베풀고
사랑하리

영원한 나라에 이르도록

프라하

바람도 벗되어 동행하는
체코행 기차

눈이 닿는 곳에
마음은 달려가
발걸음이 머물고
얀 후스의 동상을 감싸고 흐르는
중세 교회 종소리…

순교자의 울음인 듯,
생명을 다해
신앙의 꽃을 피운
가슴 시리도록
잠 못 드는

프라하의 밤

눈부신 오월

연초록 봄바람
장미꽃향기
가슴으로 찾아드는
환희의 계절

사랑하는 이에게
감사하는 이에게
슬픔을 안고 살아가는 이에게
사랑으로 찾아와
사랑을 안겨주고

장미의 가시
꽃향기로 붉게 물드는
눈부신 오월

오월의

초록 잎새
바람
산 들 마을마다
흥겨운 꽃잔치
너훌너훌 춤추는 꽃나비

부모님의 사랑
스승의 은혜
감사해요
사랑해요

내 마음의 정원

내 마음의 정원은
꽃향기로 가득하다

봄에는 희망의 꽃
여름에는 태양의 꽃
가을에는 야생화
겨울에는 눈꽃

내 마음의 정원은
꽃향기로 가득하다

이레숲

종소리 울리면
싸리문 안으로
들려오는 행복의 노래
해송 김명호 야외카페로부터
그윽한 음악과 커피
추억의 날들을 간직한 요한 갤러리
수채화 풍경이 열리는 인예아트

꽃과 빵의 빵 굽는 구수한 냄새
감나무 사이로 오르는 늘솔길
항아리 골짜기
황토방 아궁이 정자에 앉아
나무 장작 불 지펴
감자 고구마 구워 먹으며
밤늦도록 이야기꽃 피우니
달님 별님 찾아와
사랑을 속삭이네

Ⅲ

여름

행복은

아침에 눈을 뜨면

생명의 환희
영원한 소망
감사와 감격

슬픔 중에도
찾아드는
삶의 기쁨

행복은 내 마음의 집
믿음, 소망으로
예쁘게 가꾸어야지

숲

부드러운 산바람
서걱이는 풀잎의 노래

코 끝에 와 닿는 신선한 공기
돌 틈사이로 흐르는 물소리

노루랑 산새들과 벗이 되어
머루 다래 따 먹으며

나는 어느새
숲이 되어간다

6月의 詩

아침의 영롱한 이슬방울
선홍빛 꽃물이 영혼으로
맺혀오는 6月

쪽빛바다 지평선 저 너머
다시는 돌아올 수 없는 離於島(이어도)

사랑과 평화의 이름으로
스러져간 순교의 넋이여!

오늘도
분열과 전쟁으로 얼룩진 지구촌
갈길 몰라 헤매는 외로운 영혼들

주님
울게 하소서
울게 하소서

눈물의 씨앗 온 나라를 뒤덮어
기쁨의 단을 거두게 하소서

순례자

산 숲에 이슬 머금은 나리꽃
순례자의 여정 길에
잠시 발길이 머물고

나뭇잎새
풀잎의 노래
시원한 빗줄기에
세속의 욕망을 씻고

잃어버린 에덴을 찾아
길 떠난다

7月의 숲

고요히 피어나는
샤론의 꽃
숨어서도 아름다운 님이여!

끝없는 사랑의 단비 내려
절망한 영혼을 소생시켜 주는
싱그런 초록의 생명

7月의 숲에서 들려오는
평화의 종소리

바다

하얀 물거품
침묵으로 출렁이는
푸른 옷자락

지평선 저 멀리
하늘이 열리고

하늘과 바다
만나는 날
갈매기 춤추며
북녘 하늘을
날아가리

은빛물결

은빛물결
금빛물결

해맑은 영광의 광채
생명의 환희

말씀에 의지하여
깊은데서 그물을 던지니
펄펄뛰는 싱싱한 물고기

영혼 깊은 곳에 그물을 내리니
인내의 바다를
길어올립니다

자장자장

깊어가는 여름밤
두 손자들이 찾아든 이레숲

자장자장
잘 자거라 우리아가

앞집 강아지도 잘자고
뒷집 괭이도 잘 잔다

자장자장 우리아가
별님도 엄마품에 잠드는
고운 밤

잘자거라 우리아가

어머니의 바다

금빛 물결

바다의 신비
부우
머언 고동소리
비릿한 해조음
해풍을 맞으며
시달리는 人生 항해길

햇살로 부서지는
남빛 물결
속 깊고 넓은 마음으로
나를 키우는
어머니의 바다

Ⅳ
가을

가을이 오는 길목에서

주님!

지난여름은 무척이나
더웠습니다

이제 헐몬의 이슬이 시온의 산들에 내림같이
목마른 영혼을 적셔주시고

여호와의 산에서
불어오는
시원한 바람으로
지쳐있는 心身을
어루만져주소서

풀벌레 노랫소리
가을을 부르는 날
고요히
겸허한 마음으로
나를 돌아보게 하소서

들꽃

남몰래 눈물 짓는
깊은 한숨 속에

가난한 마음
모여 사는 곳 있다기에

야생화
village of wild flower
저 멀리서 들려오는
들꽃의 웃음소리
돌보는 이 없는
외로운 곳

눈을 들어 하늘을 보니
빛나는 태양 별

가을의 평화

숲속에 피어오르는
안개 물방울
산새들의 노래

시간의 물결은
어느덧….

솔바람 찻잔에
어리는
사랑 기쁨 평화

영혼의 강가로 흐르는
슈베르트의 미완성 교향곡

가을의 평화 안식

가을기도

가을에는
기도하게 하소서

내 영혼의 심지에
불을 지펴
기도의 불꽃으로
타오르게 하소서

진주의 눈물이

밤하늘을 수놓을 때
자비와 긍휼을
베푸소서

가을에는 더욱
기도하게 하소서
지구촌
고통 하는 이들을 위하여

나를 태우소서
기도의 불꽃으로

꽃구름

은빛
춤추는 갈잎의 노래
고향으로 향하는
나그네 인생길

잠시
삶의 짐
들국화 꽃구름에 띄우고

흙 내음 꽃향기에
가만히 눈을 감는다

백일홍 꽃마을

산내음 풀내음
소박한 마음이 모여 사는
백일홍 꽃마을

철따라 피어나는 꽃과 열매
산새들의 노랫소리
나누고 베풀고
용서하고 사랑하며
그리스도의 긍휼함으로
서로 위로하며 사는

산내음 풀내음
백일홍 꽃마을

오솔길

아침
오솔길
흙 내음
고요한 평화
새들의 노래

아!
노루가족들도
산책 나왔네

후미진 산모퉁이
돌아가도록
동행하는
숲속의 노루 가족들
안녕

오두막의 밤

산골짝 오두막
열린 하늘 창으로
벗으로 찾아드는 별님

신비로운 보석으로
차려입은 오두막
방안 가득히
쏟아져 내리는 별빛
어느 은하에서 왔을까?

꿈길

적막한 산중에
밤으로의 긴 여행을 떠나는 순례자

풀벌레 소리
달빛타고 흐르는 대자연의 음율
따스한 달님 가슴에 안고
꿈길로 가네

바람

바람

작은 잎사귀의 흐느낌
영혼의 비통한 울림
낮은 현의 떨림으로

내 생애
때 묻은 시간들이
씻겨 내린다

가을에는

가을에는 들꽃이고 싶어요

바람 이는 언덕 위에
흐드러지게 피어
연보랏빛 향내음
실어드리는
가을에는 들꽃이고 싶어요

상한 갈대도 꺾지 않으시고
꺼져가는 등불도
끄지 않으시며

온 우주에 사랑의 씨앗을 놓아
수만 송이 꽃으로 오시는
임이시여!

가을에는 들꽃이고 싶어요

하나님의 말로 다할 수 없는 사랑
연보랏빛 향내음에
실어드리는

가을에는 들꽃이고 싶어요

감사 찬송

아침 머~언 빛
풀잎의 합창
창문을 흔드는
바람의 속삭임
눈을 뜨면 보이는
하나님의 영광!

찬란한 태양
밤하늘의 빛나는 별
흐르는 맑은 물
철따라 피어나는 꽃
새들의 노래

부모 형제 자매…
이모든 선물주신
하나님께
시와 찬미로 감사드립니다

V

대강절에서 부활절

오소서 주여

오소서
주여

스산한 겨울바람
불어오는
상처 깊은 한반도
두 동강난 나의 조국

오소서
주여

참회의 눈물로
이 땅을 씻어주소서

당신의 사랑으로
치유와 회복의
은총 내려 주소서

임마누엘 예수

머~언 하늘 길
눈보라 헤치고
속죄의 어린양으로 그렇게 오시렵니까?

나뭇잎 떠나간 12월
툇마루 끝에 앉아
빈 하늘을 바라보며
참회의 구름이 밀려와
목이 메입니다

아기 예수님 누우실 곳
내어드리지 못하는
우리를 용서하소서

방금 지핀 마른장작 불꽃이
소리를 지릅니다

임마누엘 예수
임마누엘 예수 그리스도시여

성탄

고요한 밤
거룩한 밤

밤하늘을 수놓는
반짝이는 별빛
천사들의 노래

들에서 양치는 목자들도
기쁜 노래 부릅니다

오늘 다윗의 동네에 구주가 나셨으니
지상에서 가장 아름다운 밤

은총의 촛불 밝혀
세상의 빛으로 오신
아기예수님께
경배 드립니다

하늘 높은 곳에서는
하나님께 영광!
땅에서는 기뻐하심을 입은
사람들 중에 평화로다

아기예수 눈꽃송이

성탄의 종소리
메아리쳐 흐르는
산기슭마다
기쁨의 눈꽃송이

이새의 줄기에서
한 싹이 나서
마침내 찬란한 새벽별이 되어
오시는 아기예수님
앙상한 겨울 나뭇가지마다
사랑의 눈
위로의 눈꽃
치유의 눈꽃송이

온 세상 사람들을 품어주시는
아기예수 눈꽃송이

성탄의 종소리…
눈 내리는 베들레헴

성탄의 눈송이

송년의 내리는
성탄의 눈송이

산에
들에
우리 마음 밭에
내리는
성탄의 눈송이

티 없이 순결한
아기예수님

온 세상 죄를 씻어주시는
은총의 날

하늘에는 영광
땅에는 평화

사순절

보라!
세상 죄를 지고 가시는
하나님의 어린양이로다

* (요1:29)

거룩한 성체

고즈넉한 숲
동백꽃눈 내리는 오후
한겨울 눈보라 속에 피어나
불쌍한 이들을 위해 흘린
방울방울 눈물 고드름

봄 햇살에 뚝 뚝…
붉은 선혈이 내리는
동백 숲

죽음보다 깊은 사랑으로
온몸을 내어 드리는
거룩한 성체
예수 그리스도

십자가 앞에서

참회의 기도를 올려드립니다
바람결에 꽃눈 날리듯
죄를 멀리 멀리
보내주소서

주님의 피와 땀이
흐르는 겟세마네
기도의 동산으로
나를 이끄소서

산구름

사락 사락
3月의 내리는 싸리눈
알알이 아픔으로
맺혀오는
눈 구슬

나의 죄
우리의 모든 죄 십자가 지고
산구름에 실려가는
하나님의 어린양이시여!

부활의 아침 1

하늘 산 구름 바다

천상의 햇살로 부서지는
부활의 종소리

온 세상에 울려 퍼지는
승리의 노래

사망아 너의 쏘는 것
어디 있느냐

사망의 문을 열고
주님 부활 하셨다

아담을 인하여
모든 생명 죽었으나

그리스도로 인하여
다시 살아나리라

부활의 아침 2

산이 녹고 바다도 마르고
온 천하가 감당 못할
하나님의 진노의 잔을
그가 홀로 담당하셨도다

죄의 삯은 사망이요
죽음이라

주님은 부활이요
생명이라

진달래 개나리
웃음꽃망울 터지는
부활의 아침

막달라 마리아와
주님을 맞이하러

봄언덕으로 달려갑시다

Ⅵ
환희

애기동백

은총이 내리는 2016年
온전한 사랑으로
지구를 감싸 안으시며
대 우주의 시계바퀴를 운행하시는
하나님의 섭리

새벽하늘을 진동하는
별들의 합창

진실과 공의의 노래 울려 퍼지는 날

샛별로 떠오르는 활자들!

우직한 산으로 우뚝 서서
마음과 마음을 이어주는
사랑의 숲이 되게 하소서

서럽고 가난한사람
병상에서 고통하는 이들

어둠속을 방황하는 영혼에게
희망의 나팔을 울리게 하소서

지구촌 오지 마을에도
설움의 강이 흐르는 북녘 땅에도
한라의 산골 오두막에도
사랑과 평화의 종소리

애기동백의 미소로
사랑을 전하게 하소서

* 크리스천 라이프지 창간을 축하하며

정유년(丁酉年)

거룩 거룩
온 누리에 가득한 하나님의 영광
호산나 높은 곳에!

2017 정유년
여호와의 말씀이 온 세계를 호령하는도다

하늘의 하늘도 노래하며
모든 피조물들이 찬양하네

여호와의 빛이 사망을 일으켜 세우시고
흑암에서 고통하는 영혼을 치유하신다

고뇌가 깊은가?
눈물 골짜기를 지나
환희의 세계를 향하여!

열정과 밝음이 가득한
희망의 丁酉年
어둠은 광명으로 물러가고
새 하늘과 새 땅이 열리는도다

광복절 1

아!
나의 조국
나의 사랑
무궁화 삼천리 화려강산
8月의 노래

암흑의 시간
시련 깊은 눈물 한숨
나라 잃은 설움
산이 되고, 바다 되었네

광복절 2

여호와께서 시온의 포로를
돌려보내시듯
이 민족을
일제의 치하에서
벗어나게 하실 때

우리는 꿈꾸는 것 같아
우리 입에 웃음 가득하고
기쁨의 찬양을
드렸나이다

광복절 3

고요한 아침의 나라
하나님의 선민의 백성

인류의 등불 되어
복음의 빛을 비추는
위대한 샛별
대한민국

해방을 안겨주신 여호와께
감사와 찬양을 드립니다

Ⅶ

축하합니다

그 어느 꽃인가?

예쁘다 예쁘다
오늘도 어김없이 들려오는
엄마의 꽃사랑

오 마이갓! So Beautiful! 이것도
그녀의 꽃사랑이다
언제 저리도 예쁘게 컸을까
이것도 엄마의 꽃사랑이다 참~

엄마의 꽃사랑은
말릴 수 없는 사랑이다
어떤 꽃이 그렇게 엄마의 사랑을 받고 살까?

* 이 시는 막내아들 예준이가 초등학교 5학년 시절 엄마에게 생일선물로 안겨준 시입니다.

행복

다시보고 싶어
그리움을 알았네

그리워서
기다림을 알았네

시집 출간을 축하하며

_ 남편 김명호

봄의 햇살과 여름의 싱그러움이
가을의 소박함과 겨울의 포근함이
그리스도의 사랑으로 독자에게 전해지길
기도합니다.

어머니의 첫 번째 시집 출간을 축하드립니다.

_ 큰아들 인준

봄. 여름. 가을. 겨울
삶의 조각들이 모여
아름다운 풍경을
이루었네요
어머니의 첫 시집 출간을 축하드려요
'고향' 시집을 통해
많은 이들이 위로와 평화를 얻기를 소망합니다

_ 큰며느리 보화

이 시집이
누군가에게
인생의 소중한 쉼표가
되기를 소망하며

_ 작은아들 예준

어머니를 떠올리면 따스한 엄마의 모습이 생각납니다
한 편 한 편의 시에는 어머니의 삶이 담겨있습니다
사랑 희락 애통 그리움…
고향 땅을 향해가는 우리 순례자의 길을
이 시집과 함께 걸을 수 있어 기쁘고 감격스럽습니다
첫 번째 시집을 내신 걸 축하드려요, 어머니

_ 막내며느리 예솔

이 에스더 목사님의 처녀시집 출판을 축하합니다.

가을의 끝자락에 귀한 열매로 첫 시집을 내는 이에스더 목사를 저는 꽤 알고 있습니다.

그분의 삶 자체가 싱그러움이며 청순하고 평범한 아낙네의 모습이지요.

사치와 도시라는 이미지가 아닌 농촌의 들녘과 같은 풍성함과 넉넉함이 있는 삶을 그리며 오늘도 자연과 함께 계신 분입니다.

늘 긍정적이고 활달한 성품에서 묻어나오는 진솔한 그의 시(詩) 세계는 아마도 자연미 속에 움트는 생명력이 아닐까 생각합니다.

거기에 진솔한 믿음의 바다가 그의 신비를 가득 채우니, 온 자연과 우주의 조화가 그분의 시의 공간이 될 듯합니다.

첫 시집을 내는 수줍음 속에 더더욱 넓은 경지의 시의 세계가 열리기를 소망합니다.

무궁한 자연의 신비가 하나님께 영광을 돌리는 믿음과 함께 어우러져 많은 분들의 감동을 자아내는 촉매제가 되길 기대합니다.

_ 제주 총회신학교학장 최명석 목사 드림

이 에스더 목사님의 시집 출판을 축하합니다.

한땀 한땀
수놓는
규수의 설레임처럼

가을 하늘
청명함
석양의 장엄함처럼

수줍은 듯
고웁게
물든 가을단풍처럼

따사로운
가을 녘
풍성한 열매들처럼

이름없는
들꽃의
당당한 자태처럼

주옥 같은 이야기
하얀 백지에 그려 놓으신
'시집(詩集)' 축하합니다.

_ 중문한사랑교회 목사 황동현

이 에스더 목사님의 처녀시집 출판을 축하합니다.

할렐루야!
주님께 감사와 영광을 드립니다.

산과 골마다 고운단풍으로 물들어 가는 깊어가는 가을에 사랑하는 이 목사님의 처녀시집 출판 소식이 마치 내 일처럼 이렇게 기쁠 수가 없습니다.

이 목사님과의 오랜 인연을 지나면서 오직 하나님의 영광을 위하여 복음과 찬양으로 뜨거운 열정이 넘치는 모습, 항상 귀감이 되는 나의 평생의 기억되는 이 목사님입니다.

이 에스더 목사님의 시집이 읽는 이에게 두고두고 감동으로 남을 소중한 글이 되리라 믿습니다.

또한 주님의 사랑으로 전해지길 기도합니다.

샘 솟는 시 샘으로 2집~3집도 기대 하면서….

축하합니다.

_ 목사 정 동현

이 에스더 목사님의 시집 출판을 축하합니다.

할렐루야!
복이 넘칩니다!

깊어가는 이 풍성한 가을에 이 에스더 목사님의 시집 출판 소식이 바다 건너 제주도에서 향긋하게 들려 왔습니다.
평소에는 들국화 같기도 하며, 때로는 열정적인 빠알간 장미꽃 같이 오직 하나님의 영광을 위하여, 범사에 감사하는 삶의 열매를 맺어가는 목사님이기에 뜨거운 축하와 함께 기대가 넘쳐 납니다.

부디 목사님의 시집을 통하여 날마다 많은 사람들에게,
특히 상처받은 영혼들에게
주님의 은혜와 사랑이 넘쳐나서 치유와 회복의 역사,
구원의 역사가 제주도 앞바다의 큰 파도와 같이
일어나기를 소원하고 기도드립니다.

그동안의 노고에 깊은 감사인사를 보내며,
축하합니다!
축복합니다!

_ 목사 이상호

별에 꿈으로…

아버지의 밤은 아름답습니다.
어스름에 연기 피워
도란대는 정겨움이 있습니다.

밤하늘에 별빛무리
꿈속에 내리시어
별님의 상상을 노래하고
가슴 가득 그리움으로
다가옵니다.

말없이 사모하는
보이지 않는 그리움으로
주님 품안에 영글어갑니다.

떨어지는 잎새에
홍조 띤 새악시 모습으로
님의 그리움 따라갑니다.

부딪히는 잎새에도
가슴 가득 그리움으로
별에 꿈으로 채워갑니다.

바람이 전하는 소식에
척박한 대지 위에 억새꽃 단장하여
길손 머물고
님의 말씀 새겨갑니다.

한조각 구름도
황혼의 빛으로
애타는 사무침으로
하루의 이별을 고합니다.

당신이 있어 행복했다고
당신을 그리워하는 마음으로
별을 헤며 평화로웠다고….
잊혀지고
잊혀지는
그리움으로….

이에스더 목사님
시집 출간을
축하드립니다.

_ 시인 정 요한

이 에스더 목사의 시집에 부쳐…

오직 하나님의 영광을 위하여
시와 찬미와 신령한 노래로
드려지기를 소망하는
열정과 욕심으로 가득한 사람.
하나님의 사랑 이야기
너무 좋아서
신학을 공부했고.
예술의 열정이 넘쳐 시집을 출간하고.
출판기념회에서 독창회를 준비하고.
눈에 들어오는 자연을 가슴에
담고 싶어 화폭을 펴고.
사진으로 담아내고.

끝없는 열정과 욕심이 주위 사람들에게 위로와 휴식을 제공하는
귀한 역할에 감사의 마음과 축하의
메시지를 함께 전합니다.

매사에 열정과 따뜻한 애정으로
크리스천의 삶을 나누는 아름다운 모습에 감동의 마음을 전하며 앞으로도 계속 2집, 3집이 출간되기를 기대합니다.

_ 한국교회음악협회 이사장 이병직

| 작품해설 |

성령이 꽃피운 정갈한 시심

– 이 에스더 시인의 작품세계

문학평론가 리 헌 석

(사) 문학사랑협의회 이사장

1.

이 에스더 시인의 시집 『고향』을 첫 작품부터 읽으면서 맑고 정갈한 시심에 동화되었습니다. 시어가 어렵지 않아 친숙하게 읽을 수 있는 작품들이어서 그랬겠지만, 작품마다 순수한 동심이 내재되어 있었고, 때로는 신앙의 신비와 성령의 충만함이 가슴에 전달되었습니다. 작품을 감상하면서 두근거리는 가슴을 경험하였는데, 이와 같이 감동을 공유할 수 있게 하는 것이 문학과 예술의 본령(本領)일 터입니다.

이런 점에서 이 에스더 시인의 작품은 가끔 필자를 미소 짓게 하였으며, 때로는 빈 가슴을 채우는 듯한 충만감에 젖도록 작용하였습니다. 한 작품씩 감상하던 중 「그리운 벗」에 이르러 상쾌한 전율이 밀려왔습니다.

산에는 꽃이 피고
시인의 가슴에도
꽃물이 든다

—「그리운 벗」 전문

3행의 단형으로 완결된 작품입니다. 1행의 〈산에는 꽃이 피고〉 다음 행에는 '00에는 00하고'가 자연스럽게 연상됩니다. 산에 피어 있는 그 꽃을 바라보며 시인은 '그리운 사람들'을 떠올린 듯합니다. 그들과의 추억을 되살리며 시인의 가슴에 벅찬 그리움이 생성되었을 터입니다. 그리움은 산에서 피어나는 '꽃'과 이어지고, 이는 다시 '꽃물'로 승화됩니다. 그래서 산에 꽃이 피면 시인의 가슴에는 꽃물이 들게 마련입니다.

이 작품에서 핵심을 이루는 조사 '도'가 작품을 새롭게 합니다. 〈시인의 가슴에는/ 꽃물이 든다.〉고 하였다면 우리 모두 수용할 수 있는 평범한 형상화입니다. 그러나 '는'을 '도'로 바꾸면, 시인 외에 다른 사람들과 감정을 공유하고 있다는 뜻입니다. 다른 사람들의 가슴에도 꽃물이 들고, 나의 가슴에도 꽃물이 든다는 의미입니다. '그리운 벗'

모두가 같은 그리움을 안은 채 살아가고 있다는 것을 강조한 것이지요. 의미가 크지 않아 보이는 '조사' 하나에도 민감하게 반응하는 것, 이를 작품에 투영하여 심리적 미묘한 차이도 찾아내는 능력이 시인의 천부적 기질이기도 합니다.

2.

이 에스더 시인의 작품을 통하여 형언할 수 없는 따스함을 느낍니다. 누구에게나 '어머니'는 다사로운 분입니다. 또한 '고향'은 그리움 속에서 '생명의 본향'으로 존재하게 마련입니다. 그러나 이러한 의미를 작품으로 구체화하는 것은 쉽지 않습니다. 그런데 이 에스더 시인은 이를 능란하게 빚어내는 독자적 자질을 갖추었습니다. 많은 시인들이 고향과 어머니를 제재(題材)로 작품을 빚지만, 모두 같을 수는 없습니다. 각각 다른 추억을 갖고 있기 때문입니다. 이런 전제에서 이 에스더 시인의 작품을 감상해 봅니다.

은빛바람 머물다가는
시골돌담 오솔길
어스름한 저녁 하늘을 수놓는
어머니의 기도

초가마을 굴뚝에 연기 오르고
고향집 흙방 장작 내음 서려올 때
눈 덮인 싸리문 틈으로

아가!

버선발로 뛰어나오시는
어머니

—「고향」 일부

이 작품의 서두는 〈소복소복 눈 내리는/ 고향〉으로 되어 있습니다. 어찌 보면 지극히 평범한 서경적 서두입니다. 그러나 작은 서정의 징검돌을 딛고 나서면 새로운 고향이 펼쳐집니다. 하얀 눈과 상응하는 '은빛바람'이 머물다 가는 시골 돌담과 오솔길을 시인이 찾습니다. 노을이 아름다운 저녁 어스름을 시인은 '어머니의 기도'라고 비유하고 있습니다. 눈물이 날 정도로 아름다운 석양을 바라보며 어머니의 기도를 떠올리는 것은 그의 내면에 성령의 돌보심 때문일 터입니다.

다시 마을로 내려오면 초가지붕의 굴뚝에서는 저녁밥 짓는 연기가 오릅니다. 집안으로 들어가면 흙방의 틈서리에서 연기가 서려 오릅니다. 그때 어머니가 버선발로 뛰어나오시며 "아가!" 소리치며 반깁니다. 어머니가 반기는 모습은 시인의 어린 시절에 겪은 체험을 현재화한 것으로 보입니다. 그리운 세월, 어머니를 가슴에서 내려놓고 밤을 밝힙니다. 문밖에는 눈송이가 포근히 내립니다. 이와 같은 서경과 서정, 그리고 어머니의 사랑, 아름다운 추억이 빚어내는 서정시를 작품 「고향」에서 만나는 것도 시 감상의 오롯한 맛입니다.

그런데 이제 시인도 추억 속의 '어머니'와 같은 입장이 되었습니다. 그러한 내면을 담아낸 작품이 「하얀 설 명절」입니다.

눈 내리는 산골마을
참새 발자욱
노루 발자욱
앞마당 장독대
소복이 쌓인 하얀 백설기

엄마가 지어주신
색동한복 입고
오손도손
설 떡 먹으며
즐거워했던 어린 시절

이제
아들 며느리 손자들에게
고운 한복 지어주고
명절의 기쁨을
안겨줍니다

—「하얀 설 명절」 전문

1연과 2연으로 구성되었다면 이 작품은 '동시'라고 해야

할 터입니다. 1연의 서경묘사와 눈을 '백설기'로 보는 시각이 그러하고, 2연의 어머니가 지어주신 '색동한복'을 입고 즐거워하던 시절이 그러합니다. 그러나 3연에 이르러 이제 시인은 아들과 며느리, 그리고 손자들에게 한복을 지어주고 명절의 기쁨을 안겨주는 '어머니'와 '할머니'가 되어 있다는 인식에서 '시'가 되는 것이지요.

자녀와 손주에게 베푸는 사랑은 하나님이 우리들을 보살피는 사랑과 동질적입니다. 그래서 시인은 〈하나님의 사랑으로 꽃물이 드는 5월/ 주님의 형상을 입고 오신/ 어머니의 세월〉이라고 노래합니다. 이제 저녀의 어머니가 되고 손주들의 할머니가 되어, 자신의 어머니를 생각하면 눈가에 이슬이 맺히게 마련입니다. 시인은 〈주님의 사랑〉과 〈바람결에 들려오는 어머니의 숨결〉에 감동하며 〈연둣빛 기도의 샘이 흐르는/ 고요한 숲길〉을 거닐 듯이 세상을 평화롭게 살아가고 있는 것 같습니다.

그리하여 시인은 '어버이의 사랑'에서 〈신록의 푸르름으로/ 집을 지으시고/ 봉숭아 꽃잎으로/ 하나님의 사랑/ 곱게 물들여 주신 부모님〉을 추억하며 감사하는 내면을 작품에 담아, 독자들과 함께 그 정서를 공유하고자 합니다.

3.

성경의 시편과 아가서는 하나님을 찬양하는 노래들로 이루어져 있습니다. 아가서에서 하나님은 솔로몬의 입을 빌려 노래를 부릅니다. 그 가운데 “I am the rose of Sharon.”이라는 시구(詩句)가 있습니다. 샤론의 수선화를 일컬음입니다. 수선화는 눈을 즐겁게 하고, 그 향기는 상쾌하여 기분을 좋게 한다고 합니다. 마찬가지로 영혼의 모든 감각들은 모두 예수 안에 있는 것들이며 이 감각에서 만족감을 느끼게 됩니다. ‘rose’는 장미로 번역되어 왔지만, 바다 수선화의 일종이라고 하여 ‘샤론의 장미’가 아니라 ‘샤론의 수선화’로 번역하는 것 같습니다. 어떠하든 신앙의 신비만큼이나 감동적인 오브제인 것은 틀림없어 보입니다.

눈이 시리도록
빛나는 겨울
밤새 내린 하얀 눈을 헤치며
찾아온
샤론의 수선화

사랑이 식어가는 땅
고통의 신비
온몸으로 받으며
모진 추위를
희망의 부활로 이겨내고

메마른 영혼
사랑의 향기 안겨주고
봄이 깨어나기 전
살며시 떠나가는
겨울 나그네

—「샤론의 수선화」 일부

이 에스더 시인은 '목마른 자'들을 이끄는 목사입니다. 겨울눈이 내린 날, 눈이 시리도록 맑고 빛나는 밤에 가장 아름답고 감동적인 '샤론의 수선화'가 시인을 찾아옵니다. 이는 하나님의 계시를 전하는 성령의 임재(臨在)로 보아도 무리가 없어 보입니다. 성령은 〈사랑이 식어가는 땅〉의 '고통'을 통하여 생명으로 인도하는 '부활'의 보조관념으로 보입니다. 모진 추위를 이겨내고 봄이 되면 만물이 소생하듯이 메마른 영혼에 사랑의 향기로 작용하는 말씀, 봄이 오기 전에 살며시 떠나는 '겨울 나그네'를 배웅하면서, 스스로 느끼게 하는 하나님의 섭리를 노래하는 작품입니다.

시인은 '알프스'에서 〈해발 3,000미터 고산지대/ 이름 모를 산새들이/ 길손을 반긴다.〉고 노래합니다. 〈아득히 수천 길 아래/ 인간의 이기심〉과 〈물질문명에 찌든 영혼〉을 씻어주는 '에메랄드빛 바흐알프 호수'를 보면서 '주 하나님이 지으신 세계'를 찬양합니다. 그는 '순례자'에서 보여주는 것처럼 〈시원한 빗줄기에/ 세속의 욕망을 씻고〉

〈잃어버린 에덴〉을 찾아 순례길을 떠나는 마음으로 신앙생활과 문학창작을 겸하는 목회자라 하겠습니다. 그리하여 이 세상의 모든 괴로움과 고통에서 벗어나는 평안함에 이르고자 기도하는 목자로 보입니다.

생이 아름다웠노라

낙원으로 향하는
장엄한 시간
천상의 종소리
모차르트의 레퀴엠

주여
하늘문을 여소서
영원한 안식과 평안으로
인도하소서

—「안식」 전문

이 에스더 시인은 '죽은 자를 떠나보내는 노래(장송곡)'인 '모차르트의 레퀴엠'에 이르러서도 〈생이 아름다웠노라〉 영탄하는 시심을 견지합니다. 죽음은 슬픈 이별이지만, 한편으로는 하늘에 계신 분의 영역으로 가는 길이기도 합니다. 살아서는 갈 수 없는 길을 떠나야 하나님 앞에 가서 그 분의 사랑을 만날 수 있습니다. 그 곳이 바로 '낙원'입니다. 그리하여 시인은 〈낙원으로 향하는/ 장엄한 시간〉이라고 합니다. 그는 영원한 안식과 평안을 위하여

〈주여/ 하늘문을 여소서.〉 절실한 소망을 작품에 담아냅니다.

시인은 '프라하'를 찾습니다. 〈얀 후스의 동상을 감싸고 흐르는/ 중세 교회 종소리〉에서도 순교자의 울음소리를 듣는 능력을 받은 목자입니다. 음악을 전공한 분이기 때문에 보통 사람보다 예민하게 음악적으로 반응하는 것 같습니다. 그 교회종소리가 〈순교자의 울음인 듯/ 생명을 다해/ 신앙의 꽃을 피운/ 가슴 시리도록/ 잠 못 드는/ 프라하의 밤〉을 노래합니다. 시는 음악과 잘 어울립니다. 시를 음악으로 만들어 만인의 가슴을 울리기도 합니다. 그렇듯이 이 에스더 시인도 '감동의 영지'를 추구하는 것 같습니다.

4.

인간의 삶은 낱낱으로 여정으로 짜인 순간순간의 연속입니다. 이 여정에서 우리는 삶의 희로애락(喜怒哀樂)을 만납니다. 우리나라의 경우에도 외침이 잦았고, 그럴 때마다 우리 겨레는 고통의 세월을 살아냈을 터입니다. 우리들처럼 이스라엘 민족들도 그러한 고통을 겪으면서 신앙의 신비와 감사함을 체험하였을 터입니다. 특히 애급의 노예에서 벗어나기 위해 모세를 따라 홍해를 건넌 일은

참으로 놀라운 기적입니다. 우리도 그러한 기적을 이루었습니다. 세계에서 가장 가난한 나라에서 10위권 나라로 성장할 수 있었습니다. 그런 바탕에서 현재의 삶을 감사하는 신앙인의 자세가 오롯합니다.

> 애굽을 지나
> 홍해를 건너
>
> 평화의 섬 제주에
> 둥지를 내려주시고
>
> 한라의 신선함과
> 바다의 푸름으로
> 주님을 찬양하는
> 평화의 도구로
> 살게 하심을 감사드립니다
>
> —「감사」 일부

시인에게는 아름다운 계절도 감사해야 할 대상으로 기능(機能)합니다. 이 작품의 서두에서 그는 계절의 변화로 가을을 맞으면서 감사드립니다. 〈감사의 꽃향기/ 짙어지는 계절// 주님의 사랑으로/ 단풍잎 가을 옷 입혀 주시고// 내 영혼의 들녘에/ 햇빛과 비를 내리시어/ 풍요로운 가을을/ 안겨주심을 감사드립니다.〉〈내 영혼의 들녘〉은 아름다운 삶의 터전입니다. 그 곳은 시인이 살고 있는 제주도를 가리키지만, 어쩌면 우리나라 전체, 나아가 세계만

방으로 확대할 수도 있습니다. 이스라엘 민족이 애굽을 나와서 홍해를 건너 '젖과 꿀이 흐르는 땅'에 이른 것 같이 시인은 〈평화의 섬 제주〉에 둥지를 틀고 감사하고 찬양하는 생활을 합니다.

수확의 계절에 시인은 〈상한 갈대도 꺾지 않으시고/ 꺼져가는 등불도// 끄지 않으시며/ 온 우주에 사랑의 씨앗을 놓아/ 수만 송이 꽃으로 오시는/ 임〉 앞에서 스스로 작은 '들꽃'이 되고자 겸양합니다. 이 겸양은 〈상처 깊은 한반도/ 두 동강난 나의 조국〉을 위해 참회의 눈물로 회개하겠다는 의지와도 닿아 있습니다. 동시에 〈당신의 사랑으로/ 치유와 회복의 은총 내려주소서.〉 절실하게 기도하는 자세와도 닿아 있습니다.

누구나 고향을 그리워하고, 살고 있는 터전을 아름답게 생각하지만, 이 에스더 시인은 자신이 살고 있는 제주도를 특별히 사랑하는 것 같습니다. 〈아침/ 오솔길/ 흙 내음/ 고요한 평화/ 새들의 노래〉는 물론 노루가족도 산책을 나오는 '에덴'과 같은 곳으로 묘사합니다. 그 노루들과 〈후미진 산모퉁이/ 돌아가도록/ 동행〉하는 깊은 애정을 작품에 담습니다.

이 에스더 시인의 시집 『고향』을 읽으며, 순수한 동심, 정갈한 서정을 만나게 되어 행복하였습니다. 앞으로 '샤론의 수선화'처럼 아름답고 사랑스러운 작품 창작을 기대하며, 이 에스터 시인의 첫 시집에 수록된 작품 감상의 여로를 접습니다.

이에스더 시집

고향

발 행 일 | 2017년 11월 30일
지 은 이 | 이에스더
발 행 인 | 李憲錫
발 행 처 | 오늘의문학사
출판등록 | 제55호(1993년 6월 23일)
주 소 | 대전광역시 동구 대전로 867번길 52(한밭오피스텔 401호)
전화번호 | (042)624-2980
팩시밀리 | (042)628-2983
전자우편 | hs2980@hanmail.net
카 페 | cafe.daum.net/gljang(문학사랑 글짱들)
cafe.daum.net/art-i-ma(아트매거진)

공 급 처 | 한국출판협동조합
주문전화 | (070)7119-1752
팩시밀리 | (031)944-8234~6

ISBN 978-89-5669-869-4
값 9,000원